Diogelwch ar y ffordd

Tîm awduro: Bethan Clement, Marian Thomas, Nanna Ryder.
Dyluniwyd gan Gwenno Henley a Rhiannon Sparks.

Mae wythnos diogelwch ar y ffordd yn cael ei chynnal bob mis Tachwedd.

Mae heddwas wedi dod i Ysgol Maesllan i roi pamffled am ddiogelwch ar y ffordd i'r plant.

Oeddech chi'n gwybod?

- Mae mwy o blant a phobl ifanc yn cael damwain ar y ffordd nag unrhyw fath arall o ddamwain.

- Yn 2012 cafodd dros fil o bobl ifanc eu hanafu ar ffyrdd yng Nghymru.

- Ym Mhrydain bob blwyddyn, mae dros 7,000 o blant o dan 15 oed yn cael eu lladd neu eu hanafu wrth deithio mewn car.

- Bob blwyddyn, mae tua 40 o blant yn marw a thua 2,000 yn cael niwed difrifol wrth gerdded neu beicio ar y ffordd.

Damweiniau ar y ffordd i blant 0-15 oed yn 2012 ym Mhrydain

	Marw	Anafiadau difrifol	Mân anafiadau	**Cyfanswm**
Cerddwyr 0-15 oed	20	1,525	5,454	6,999
Beicwyr 0 - 15 oed	13	311	1,874	2,198
Teithwyr mewn car 0 - 15 oed	26	345	6,766	7,137
Pob damwain ffordd 0 -15 oed	61	2,272	14,918	17,751

- Mae llawer llai o blant yn cael eu lladd neu eu hanafu'n ddifrifol ar y ffordd nawr nag yn 2000.

- Yn 2011, cafodd 2,412 o blant rhwng 0-15 oed eu lladd neu eu hanafu'n ddifrifol ar y ffyrdd ym Mhrydain.

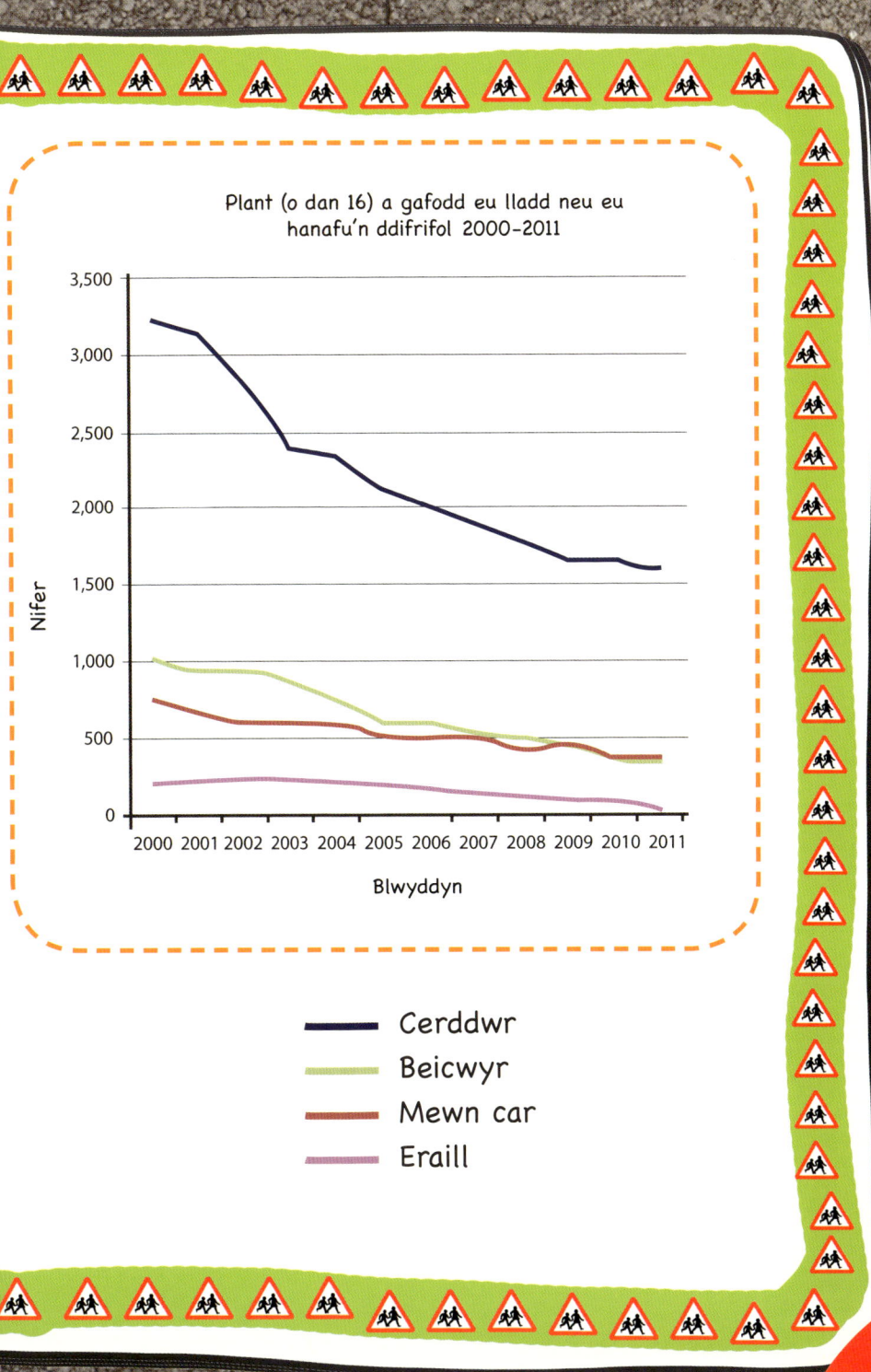

Plant (o dan 16) a gafodd eu lladd neu eu hanafu'n ddifrifol 2000-2011

- Cerddwr
- Beicwyr
- Mewn car
- Eraill

Pryd mae damweiniau'n digwydd?

- Mae 80% o ddamweiniau plant ar y ffordd yn digwydd yn ystod gwyliau'r ysgol, ar y penwythnos ac yn y prynhawn neu gyda'r hwyr yn ystod tymor yr ysgol.

- Yr amserau gwaethaf am ddamweiniau plant a phobl ifanc yn ystod yr wythnos ydy rhwng 8.00 a 9.00 y bore a rhwng 3.00 a 6.00 o'r gloch y nos.

- Mae mwy o ddamweiniau yn digwydd yn ystod y gwanwyn a'r haf nag yn ystod yr hydref a'r gaeaf.

Mae plant yn fwy tebygol o gael eu lladd neu eu hanafu wrth gerdded.

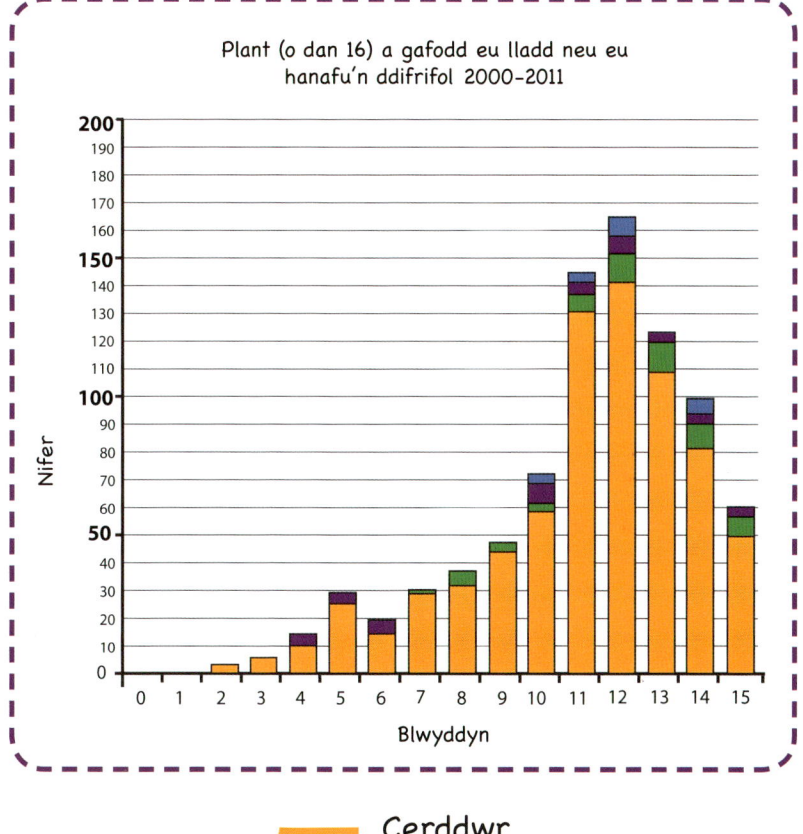

Plant (o dan 16) a gafodd eu lladd neu eu hanafu'n ddifrifol 2000-2011

Nifer

Blwyddyn

— Cerddwr
— Beicwyr
— Mewn car
— Eraill

Ble mae damweiniau'n digwydd?

- Mae rhai damweiniau'n digwydd y tu allan i'r ysgol.

- Mae mwy o ddamweiniau yn digwydd i blant sy'n byw mewn trefi a dinasoedd mawr.

- Y ddau le gwaethaf am ddamweiniau ydy:

cylchdro / cylchfan

cyffordd T.

Yn aml, mae damwain yn digwydd achos dydy'r gyrrwr neu'r beiciwr ddim wedi edrych yn iawn i weld a oes rhywbeth yn dod. Wrth gwrs, os ydy beiciwr mewn damwain â char, bydd y ddamwain yn fwy difrifol os ydy'r gyrrwr yn teithio'n gyflym iawn.

Pwy sydd â'r risg mwyaf?

- Plant 11 a 12 oed sydd â'r risg mwyaf.

- Mae mwy o fechgyn na merched yn cael damwain ar y ffordd.

Damweiniau ar y ffordd yn 2011

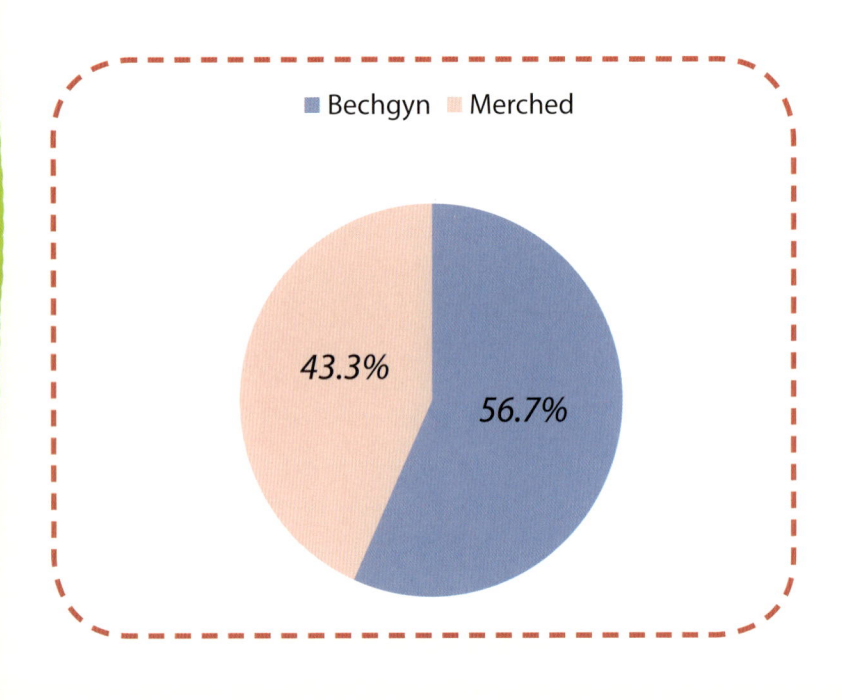

■ Bechgyn   ■ Merched

43.3%

56.7%

- Mae llawer o ddamweiniau beicio yn ardal Maesllan. Mae llawer o bobl ifanc rhwng 10 a 15 oed yn cael damweiniau wrth feicio. Bechgyn ydy 80% o'r rhai sy'n cael eu hanafu.

Damweiniau beicio

■ Bechgyn ■ Merched

20%

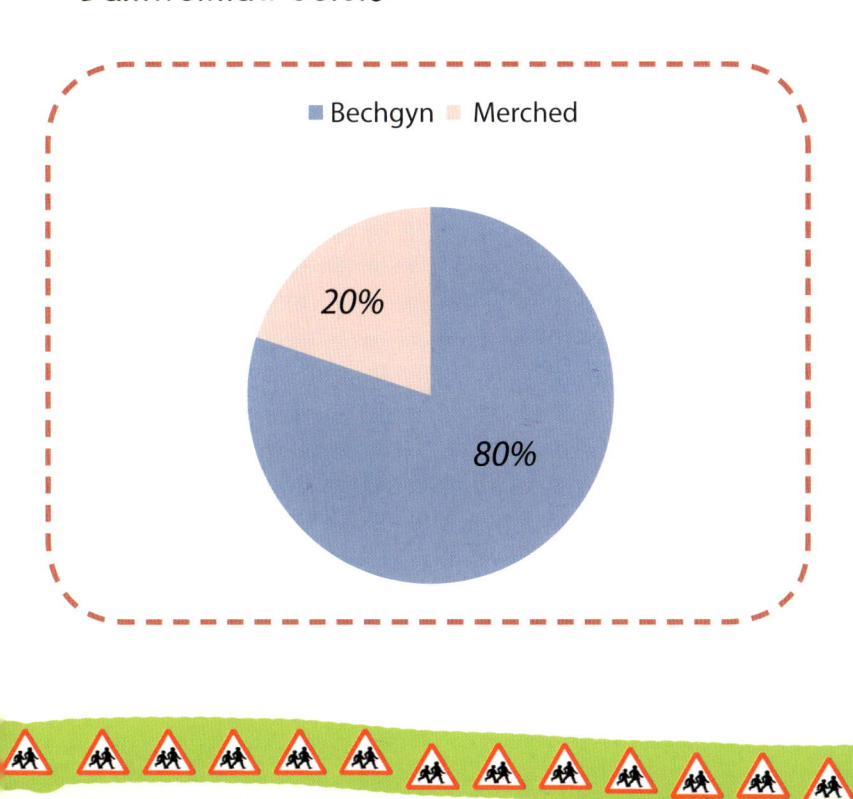

80%

Mae'r heddwas yn siarad â'r dosbarth am fod yn ddiogel ar y ffordd.

Mae'n dangos poster iddyn nhw.

Ceisiwch beidio â chroesi rhwng ceir sydd wedi'u parcio.

Dyma boster Ben.

Fydd e'n ennill tybed?

Geiriau i'w hymarfer

cerddwyr

cystadleuaeth

damweiniau

gwaethaf

niwed

beicwyr

teithwyr

Ewch i wefan
www.canolfanpeniarth.org/metsmaesllan
am weithgareddau